Cœur ouvert

Élie
WIESEL

Cœur ouvert

RÉCIT

J'AI LU

Pour Marion et notre fils Élisha :
leur tendresse, leur amour,
ont réussi à me faire surmonter
la plus grande des douleurs
et la plus sombre des angoisses.

E. W.

1

Le 16 juin 2011

« C'est le cœur », dit le Dr Charles Friedlander, qui vient de me faire passer une endoscopie. Je m'étonne : « Pas l'estomac ? »

Depuis des années le reflux acide est un de mes cauchemars. Mon généraliste, le Dr David Seinfeld, en est conscient et, lui aussi, lui attribuait les maux qui, depuis quelques nuits, m'affligent.

Marion et moi venons de rentrer de Jérusalem où, avec des amis proches, tous les ans, nous célébrons la fête de Shavouot. Suivant la tradition à laquelle je suis resté fidèle, nos amis et moi avons passé la nuit dans une *yeshiva* de la vieille ville à étudier les lois bibliques et talmudiques avec leurs commentaires du Moyen Âge.

À Jérusalem, tout s'était bien passé. Pas d'attentats terroristes. Pas d'incidents aux frontières.

Mes maudites migraines elles-mêmes semblaient respecter la sainteté de cette nuit, de cette ville à nulle autre pareille. Mais, rentré à New York, soudain, mon corps se révolte. Les douleurs aux épaules, nouvelles et combien atroces, remontent jusqu'à la mâchoire. Je prends une double dose de Nexium, produit que certains malades considèrent miraculeux. Sans aucun effet.

« Non, ni l'estomac ni l'œsophage, répond Charles après un silence. Mais c'est bien le cœur. »

Des mots terrifiants, porteurs et annonciateurs de craintes, de souffrances. Peut-être de pire.

2

Dès qu'il reçoit le message du gastro, mon médecin traitant me joint à mon domicile. Au téléphone, on le croirait à bout de souffle ; il parle d'une voix tendue, saccadée, d'un ton plus fort que d'habitude. J'ai l'impression qu'il essaye de contenir sinon de cacher sa nervosité, son appréhension. Assurément, il aimerait pouvoir m'annoncer un autre diagnostic. En fait, je le sens malheureux de devoir me donner cette mauvaise nouvelle qui va changer tant de choses pour moi...

« Je m'attendais à un autre résultat de l'endoscopie, explique-t-il. Mais maintenant, la situation exige une analyse immédiate.

— Oui ?

— Je vous demande de venir toute de suite à l'hôpital Lenox Hill. J'y suis déjà. »

Je proteste : « Pourquoi ? Parce que c'est le cœur ? Est-ce vraiment si urgent ? Je n'ai jamais eu à me plaindre du cœur. Il ne m'a jamais fait mal. La tête, oui ; l'estomac aussi. Et les jambes parfois. Mais le cœur me laissait tranquille… »

Il éclate : « Je suis votre cardiologue, que diable ! Cette conversation ne rime à rien. Ce que je vous dis est impératif, vous m'entendez ? Il est absolument urgent de vous faire passer certains examens ne pouvant se faire qu'à l'hôpital. Venez le plus vite possible ! Et prenez l'entrée des Urgences ! »

Bête et têtu comme je le suis parfois, j'ai quand même « volé » deux heures à son ultimatum pour aller au bureau. J'avais des choses à faire. Des gens à voir. Entre autres, une délégation de résistants iraniens. Des rendez-vous à annuler. Des lettres à signer. Des textes à retrouver.

Bizarrement, à ce moment, je n'éprouve aucune vraie inquiétude, moi qui suis d'ordinaire plutôt anxieux, peureux, vulnérable, pessimiste. Pas d'accélération du rythme du cœur. Respiration normale. Aucune douleur. Nulle trace de prémonition. Aucun avertissement. Après tout, n'avais-je pas passé, trois jours auparavant, un « check-up », un examen complet, approfondi, avec tous les tests imaginables, cardiogramme inclus, commandés par mon diagnosticien habituel, ce même médecin qui, maintenant, me convoque à l'hôpital ? Aucun des signes précurseurs n'avait indiqué un problème coronaire : ni douleur à la poitrine ni sentiment d'oppression. Qu'est-ce qui, soudainement, avait changé dans mon corps pour le déstabiliser ainsi ?

Bon, allons à l'hôpital, puisque mon savant médecin insiste tant. Je ne prends rien avec moi. Ni livres, ni chemise de rechange, ni brosse à dents. Marion insiste pour m'accompagner. J'essaie de la décourager. En vain.

3

Aux Urgences, tout un monde – c'est-à-dire une rangée de spécialistes – m'accueille. La première prise de sang indique d'emblée la gravité de ma condition. Risque réel d'un infarctus. Les médecins échangent quelques mots dans leur jargon. Leur conclusion est rapide, claire et unanime : intervention immédiate requise, inévitable. On ne peut atermoyer.

Marion me confie à l'oreille que, par chance, le chirurgien qui pratiquera l'angioplastie est celui qui l'a opérée, deux ans auparavant : le Dr Howard Cohen. Je me souviens de lui. Bel homme, chaleureux, d'une intelligence vive, il m'avait impressionné par son humanisme autant que par ses dons. Nous nous étions bien entendus.

« J'espère, me dit-il, que nous ferons pour vous ce que nous avons réussi pour votre épouse : insérer un "stent" afin d'aider le sang à couler normalement dans les artères. Mais, ajoute-t-il en me regardant dans les yeux, il m'incombe de vous prévenir qu'il existe également un risque de devoir y aller plus radicalement. Nous le saurons très rapidement… »

À moitié endormi, je lutte contre le sommeil en essayant de suivre les échanges, brefs et professionnels, dans la première salle opératoire. En fait, je n'y comprends rien. À peu près une heure plus tard, le Dr Cohen s'adresse à moi :

« À mon vif regret, impossible de vous donner de bonnes nouvelles. Votre état est d'une telle gravité que la simple insertion d'un “stent” ne suffirait pas. Cinq de vos artères sont bloquées. La situation exige une intervention à cœur ouvert. »

Il est sûr de lui. L'annonce me secoue. Certes, je sais qu'à présent cette procédure se fait partout dans le monde. Le visage du célèbre chirurgien sud-africain Christiaan Barnard surgit devant moi : je l'avais rencontré lors d'une conférence à l'université de Haïfa ; nous avions eu un long dialogue sur l'éthique médicale, comparant les points de vue judaïque et chrétien ; j'avais regardé ses mains, me demandant combien d'êtres humains leur devaient leur survie.

Mais maintenant, les mots « opération à cœur ouvert » sont pour moi. Et me remplissent d'effroi.

« Il se fait que mon éminent collègue, le Dr Nirav Patel, le grand expert pour ce genre d'interventions, se trouve sur place. Je lui ai parlé. Il est prêt à vous opérer, ajoute Howard Cohen.

— Docteur, lui demandé-je, en avez-vous parlé à Marion ?

— Non, mais je vais le faire immédiatement. »

Il revient très vite : « J'ai vu Marion. Et aussi votre fils Élisha. »

L'idée que mon fils bien-aimé soit déjà présent m'émeut mais ne me surprend pas. Ce n'est pas nouveau : depuis sa petite enfance, il ne cesse de m'émouvoir.

« Que pensent-ils ?

— Ils sont d'accord avec moi ; nous n'avons pas le choix et il me semble impensable de ne pas le faire. Mais la décision n'appartient qu'à vous seul.

— Je peux les voir ? »

Marion et Élisha dissimulent mal leur angoisse, leur peine. Leurs sourires me paraissent forcés. Normal. Comment les embrasser sans m'effondrer ?

« Le Dr Cohen est optimiste, tente de me rassurer Marion tout en s'efforçant de retenir ses larmes. Le chirurgien qu'il propose est une célébrité mondiale. Le meilleur dans son domaine. »

« Tout ira bien, ajoute Élisha. Je le sais. J'en suis convaincu. »

Je me tais.

« On y va ? » interroge le Dr Howard Cohen.

Les infirmières sont prêtes à pousser mon lit à roulettes vers la sortie. Je jette un dernier regard vers la femme avec laquelle je vis depuis plus de quarante-deux ans. Tant d'événements, de découvertes et de projets nous unissent. Tout ce que nous avons accompli dans la vie, nous l'avons fait ensemble. Et voilà une expérience supplémentaire.

La dernière ?

Devant la porte qui s'ouvre, avant de la franchir, je pose un dernier regard sur le jeune homme, si beau et si bon, qui a donné – et continue à donner – une justification à ma vie, et à lui conférer un sens et un futur.

À travers les larmes qui obscurcissent l'avenir, soudain une pensée éveille une douleur nouvelle : les reverrai-je ?

4

L'année 2011, dans ses grandes lignes, restera pour moi maudite.

Tout a commencé à la mi-janvier. Je me trouvais en Floride avec Marion. Comme tous les hivers, en compagnie d'une collègue, je donnais des cours de philosophie, d'histoire et de littérature dans une petite université prestigieuse de la région.

Une dizaine de jours après mon arrivée, je suis tombé malade : les médecins ont diagnostiqué une double pneumonie et imposé une semaine d'hospitalisation. Mais, au bout de quatre jours, l'enfermement semblait aggraver mon état. J'ai demandé à Marion de faire n'importe quoi, même l'impossible, pour y mettre fin. Elle a difficilement réussi à convaincre les médecins en expliquant que je risquais la dépression et qu'il fallait absolument trouver le moyen de me soigner à l'hôtel.

D'abord ils lui répondirent que c'était impossible, que nous ne nous rendions pas compte de la gravité de mon état. « Un malade atteint d'une pneumonie – double de surcroît – nécessite une surveillance constante ! Et nombre de médicaments par tuyaux intraveineux qu'on ne peut administrer en dehors de ces murs. »

Finalement, Marion leur a proposé de transformer ma chambre d'hôtel en véritable chambre d'hôpital. Avec des infirmières en permanence. J'ai eu de la chance : ils acceptèrent.

Mais il n'y avait rien à faire contre mon affaiblissement. Aussi, pour la première fois de ma vie professionnelle, ai-je dû interrompre mes cours ; et les rencontres avec mes merveilleux étudiants ont été menées par ma collègue. Cette défection m'a rendu malheureux et coupable : c'est que l'enseignement, comme l'écriture, demeure l'une de mes véritables passions. Face aux élèves, l'échange est réel, stimulant, enrichissant : je donne et reçois en même temps.

J'appris seulement après que, pendant ces quelques jours et nuits à l'hôpital, ma vie avait été en danger. En vérité, je n'y avais pas pensé. Malgré les difficultés à respirer engendrées par mes poumons gorgés de liquide, je pouvais quand même lire, réfléchir, rêver. Et, après quelques mois, de retour à New York, j'avais repris une existence à peu près normale. Si quelqu'un m'avait prédit que la véritable épreuve m'attendait encore, cachée là, dans ma poitrine, je l'aurais probablement traité de prophète malveillant.

5

Dans la salle d'opération, le sentiment de flotter dans une pénombre crépusculaire m'étreint. Bruits et mouvements feutrés. Voix basses audessus de ma tête. Toutes sortes de mesures, d'explications, d'avertissements. Le médecin anesthésiste, les assistants du chirurgien : chacun a un mot d'éclaircissement, d'encouragement. Arrive l'instant de l'angioplastie.

Le Dr Cohen pousse la petite boule dans mon artère.

« Tout va bien », dit-il. Pourquoi me faire des soucis à vrai dire ? Ce genre d'opération, il doit en aligner plusieurs par jour. Seulement, soudain, je prends peur. Un nom a surgi devant moi, un visage : Aviva, amie de Marion et femme de mon ami Émile Najar, ancien ambassadeur d'Israël à Rome et à Tokyo. Elle aussi avait connu des problèmes de cœur ; elle aussi avait dû subir cette intervention. Sauf qu'elle ne s'était pas relevée de la table. Dans son cas, la petite boule avait été mortelle.

Pour chasser cette poussée d'angoisse, mes pensées me conduisent vers un passé lointain. Je me revois enfant. Mon cousin médecin, Oscar, m'enlève les amygdales : douleur à faire hurler. Je me réfugie au ciel, où des anges courent ici et là, sans me regarder. Sans doute me jugent-ils indigne de leur attention. Je m'en souviens car ce rêve, je l'ai raconté à Oscar au réveil.

Une opération plus sérieuse. J'ai dix ou onze ans et je me trouve dans un train avec mes parents. Pourtant, c'est le Shabbat et, en principe, on n'a pas le droit de voyager. Mais notre voisin d'en face, le Rabbi de Borshe, frère de l'illustre Rabbi Israël de Wizsnitz, a accordé la permission de violer la sainteté du Septième Jour pour m'emmener à Satmàr. On doit m'enlever l'appendice et, là, il y a un hôpital juif. Le lendemain, intervention. On m'endort avec de l'éther mais j'étouffe, refuse de l'inhaler. Et ce dont je me souviens, même après tant d'années, de décennies, c'est de l'assistante : une jeune et belle femme brune au sourire chaleureux. Elle me rassure : « Laisse-moi t'endormir. » J'obéis. Ensuite, durant toute une semaine, elle s'occupe de moi. Si j'avais su m'exprimer mieux, sans avoir peur des mots, je me serais avoué être tombé amoureux d'elle. Plus tard, j'eus honte de la retrouver souvent dans mes rêves d'adolescent.

Soudain, entre les mains du chirurgien, le Dr Patel, je me rends compte qu'il me faut regarder la vérité en face : lorsque je m'endormirai, ce sera probablement pour toujours. Ai-je peur de mourir ? Dans le passé, en y songeant, je pensais que la mort ne m'effrayait pas. N'avais-je pas vécu avec elle, et même en elle ? Pourquoi la craindrais-je maintenant ?

6

Pourtant, ce n'est pas ainsi que j'avais imaginé ma fin. Et puis, je ne me sens aucunement prêt.

Tant de choses encore à achever. Tant de projets à élaborer. Tant de défis à affronter. Tant de prières à composer. Tant de mots à trouver, de silences à faire chanter.

Tant de cours à donner, de leçons à recevoir.

J'ai beaucoup appris sur moi-même et mon environnement. Notamment que, lorsque le corps devient prisonnier de sa douleur, une petite pilule ou une injection est plus efficace que la pensée philosophique la plus brillante.

Encore tant de choses à raconter à mes deux petits-enfants que j'aime d'un amour sans limites.

Élijah, quand il me sourit, je sais que le bonheur existe et que l'homme y a droit.

Sa petite sœur Shira, rayonnante et volontaire, me fait rire.

Les voir jouer ensemble, écouter Élijah lui lire des contes, est le plus beau cadeau que je pourrais recevoir.

Suis-je prêt à renoncer à leur amour ?

7

Est-ce l'aube ou le crépuscule ? Élisha se tient là, dans ma chambre. Depuis quand se trouve-t-il ici ?

Je regarde l'horloge suspendue au mur. Autour de moi, et de mon fils, les objets se liquéfient. « Élisha », dis-je dans un souffle.

J'ignore s'il m'a entendu. Mais prononcer son nom me fait du bien. Comme toujours, pour sortir d'une angoisse, je m'accroche à lui et il m'aide à me ressaisir.

Maintenant aussi ?

Comme toujours.

Des bruits me parviennent du couloir. Mais sa voix seule a une signification, une portée.

8

De nombreuses scènes surgissent. Lorsqu'il était enfant ; adolescent ; et puis adulte.

La naissance d'Élisha a changé ma vie. D'un coup, je me suis senti plus concerné et responsable qu'auparavant. Ce tout petit bonhomme qui me regardait sans me voir, il faudra le protéger. Et la meilleure façon de le protéger sera de changer le monde où il va grandir.

Pour la cérémonie de circoncision, nous avions invité des amis, et aussi quelques *hassidim* de Brooklyn. Le grand violoniste Isaac Stern, le philosophe rabbin Abraham Joshua Heschel, des écrivains, des survivants : tous étaient venus. Normal, il s'agit de la seule cérémonie, d'après la légende, à laquelle l'on n'a pas le droit de dire non puisqu'elle se déroule toujours « en présence » du patriarche Abraham et du prophète Élie.

Je me souviens comme si c'était hier.

Lorsqu'on prononça pour la première fois le nom du nouveau-né, « Shlomo Élisha fils d'Éliézer fils de Shlomo », je ne fus pas le seul à avoir les larmes aux yeux.

« Un nom est revenu », s'écria un vieux *hassid*. Les autres *hassidim* et lui se mirent à danser autour, et en l'honneur, du nouveau venu juif. Je me joignis à la danse, moi qui ne sais pas danser.

Après la cérémonie, j'écrivis une lettre à mon ami Georges Levitte, un des grands intellectuels juifs en France, le plus érudit aussi, père du futur conseiller diplomatique de Jacques Chirac puis de Nicolas Sarkozy. Nous étions proches et, à cette époque, je le voyais souvent.

Un jour, il m'avait entendu à la radio répondre au commentateur que je ne pensais pas me marier ; et sûrement pas avoir des enfants. La raison ? Je citai un sage talmudique : lorsque Dieu punit le monde pécheur par la souffrance, il vaut mieux ne pas se marier. Georges, pas d'accord, m'en voulait. À son avis, je n'avais pas le droit de décourager, et moins encore de contribuer au désespoir des jeunes. Notre discussion avait duré quelques heures, et nous nous étions séparés sans nous être convaincus l'un l'autre.

Aussi, ma lettre fut brève : « Tu as raison. Mon fils porte le nom de mon père Shlomo. Un nom de plus, car nous en avons perdu trop. Il s'appelle aussi Élisha. »

Dire que j'ai voué à mon fils un amour débordant de ferveur et d'espérance serait dire trop peu. Je pouvais le contempler des heures durant. Le laisser plus d'un jour me déchirait le cœur. Lorsque je devais m'absenter quelque temps, je m'efforçai toujours d'être de retour avant le Shabbat : faire le kidoush avec lui dans mes bras répondait à une nécessité intérieure.

Dès le début, chacune de nos rencontres fut une fête. Le matin, quand il partait au jardin d'enfants, Marion et moi l'accompagnions jusqu'à l'autobus scolaire jaune. En voyant s'éloigner le véhicule, mon cœur battait toujours plus fort. Et je le revois, avec sa petite main, nous faire signe « Au revoir ». En mon for intérieur, j'adressais une prière à Dieu : « Protège-le, Seigneur. Au nom de mes ancêtres, veille sur lui ! »

Après ses études secondaires, Élisha choisit d'aller vivre en Israël un semestre, dans un camp d'entraînement pour jeunes non-Israéliens. En l'accompagnant à l'aéroport, je me surpris à répéter la prière que ma mère récitait à la fin du Shabbat, implorant la bénédiction divine sur sa maison et sa famille.

9

« Élisha », dis-je tout bas.

Mon fils m'a entendu : « Que puis-je pour toi ? »

Pendant sa première année à Yale, Élisha a étudié la philosophie, l'histoire et les lettres. Secrètement, j'espérais qu'il suivrait mes traces, mais il a accepté un travail à Wall Street. L'économie, la Bourse, les marchés : des domaines où je suis totalement ignorant.

Et maintenant, il est père. D'après moi, le meilleur père du monde.

Je lui fais signe d'approcher. Maintenant, il se trouve tout près de mon lit, prend ma main dans la sienne et la caresse doucement. J'essaye de la serrer, mais je n'y arrive pas. Je sais qu'il souhaite me transmettre sa force, sa foi en ma guérison.

10

À force de le regarder à travers le passé, soudain je l'imagine, je le vois orphelin. Je me rappelle que je m'étais promis de veiller sur lui après ma mort, et voilà que je me trouve au seuil de l'au-delà.

Ai-je suivi le conseil d'un sage talmudique : « Il t'incombe de vivre comme si tu devais mourir le lendemain » ?

La première question que l'ange pose au mort est : « As-tu été honnête dans tes relations avec autrui ? » Et puis : « As-tu vraiment vécu dans l'attente du Messie ? »

Quand l'ange va-t-il m'interroger ?

Des images puisées dans des sources anciennes, midrashiques et mystiques, remplissent mon cerveau et ma mémoire. Dans mon adolescence, à la *yeshiva*, elles me faisaient frémir. Toutes décrivent l'au-delà. Très peu se déroulent au paradis ;

la plupart se passent en enfer. Les pécheurs et leurs châtiments dans les flammes. Leurs hurlements assourdissants, leurs souffrances inimaginables qui ne s'arrêtent qu'à l'arrivée du Shabbat.

Serais-je déjà vraiment de l'autre côté ? Sinon, qui me permettrait de l'entrevoir ?

Je suis étendu sur mon lit d'hôpital, mais c'est l'enfer. Ma peau se déchire. Mon corps entier est proche du feu. Je me vois dans la géhenne où règnent des anges cruels et sans pitié. Féru de textes médiévaux et de leurs châtiments dépassant l'imagination d'un enfant apeuré, je crois savoir – je sais – ce qu'il se passe dans ces abîmes effrayants.

Larmes et hurlements remplissent les enfers souterrains.

C'est l'univers des flammes infligées aux pécheurs. Hommes pendus par leur langue, femmes par leurs seins. J'essaie de les identifier ; en vain. Tous ont le visage défiguré. Moi aussi ?

Et puis, mon regard se porte sur les autres, les Justes : ils implorent le Juge suprême de montrer Sa compassion pour Son peuple en exil. Les ancêtres, les prophètes, les visionnaires et leurs amis, les maîtres et les chantres : un pas en avant et je serai leur élève, je serai des leurs.

Suis-je prêt ?

11

Est-on jamais prêt ?

Certains des philosophes grecs anciens et des maîtres hassidiques, affirmaient avoir passé leur vie à se préparer à mourir. Eh bien, la tradition juive qui est mienne conseille une autre voie : celle qui sanctifie la vie et non la mort. « *Ubakharta bakhaim* », dit l'Écriture : « Tu choisiras la vie. » Et les vivants. Avec la promesse de vivre mieux, plus moralement, plus humainement.

C'est à cela que l'homme doit employer ses efforts. Pour sauver la vie d'un être humain, quel qu'il soit, d'où qu'il vienne, un Juif a le droit de transgresser les lois les plus strictes de la Torah. J'ai appris cela tout petit au *heder*, à la *yeshiva* et dans les ouvrages sacrés ensuite. La mort – toute mort – rend impur celui qui la touche. Même celle de Moïse ; c'est pourquoi Dieu s'occupa Lui-même de ses obsèques.

Certes, nous devons accepter l'idée – la réalité – que tout homme est mortel. Mais la Loi juive enseigne que la mort ne nous est pas imposée afin de nous guider, seule la vie nous montre le chemin. Et le choix ne nous appartient jamais. C'est à Rosh Hashana, le Nouvel An, que tout se décide là-haut. Ce jour-là – nos prières nous l'affirment –, Dieu inscrit dans Son Livre ce qui nous arrivera durant l'année à venir : qui connaîtra la joie et qui subira la tristesse, qui tombera malade et qui guérira, qui vivra et qui mourra.

Apparemment, j'ai dû mal prier, manquer de concentration et de ferveur ; autrement, pourquoi le Seigneur, juste et charitable par définition, me punirait-Il ainsi ?

À peine formulée, je rejette ma conclusion : si elle est valable aujourd'hui, elle l'aurait été bien davantage alors, *là-bas*.

12

Ces réflexions, le malade, prisonnier de son corps condamné, placé malgré lui face à son destin, les ressent avec une intensité féroce. Devant la gravité du moment, j'éprouve donc le besoin de procéder à un examen de conscience.

J'ai quatre-vingt-deux ans. Comme souvent, et plus que jamais, mon état de naufragé me conduit à regarder en arrière : qu'ai-je fait, et manqué de faire, durant ce long parcours composé de rêves et de défis ?

Étrangement, un cri de Baudelaire – dans son *Cœur mis à nu* (!) – me revient en mémoire : « Il y a dans tout homme, à toute heure, deux postulations simultanées, l'une vers Dieu, l'autre vers Satan. » Ai-je suivi avec la même foi – ou le même scepticisme – l'un autant que l'autre ? Ai-je entrevu la voie du Bien et su la distinguer de celle du Mal ?

Ma vie se déroule devant moi comme un film : des paysages de mon enfance ; des aventures dans des contrées lointaines, parfois exotiques ; mes premiers maîtres puis les premiers instants d'extase religieuse d'adolescent avec mes amis de la *yeshiva*, lorsque nous recevions de nos vieux maîtres les clés capables d'ouvrir les portes secrètes des vérités mystiques.

Ai-je accompli mon devoir de rescapé ? Ai-je tout transmis ? Trop peut-être ?

Les cris des adolescents et les larmes des vieillards, les vagabonds mystiques et les penseurs ivres, les enfants muets et les femmes affamées d'amour, les riches et les pauvres : ai-je su user des mots justes pour les raconter ? Certains mystiques n'ont-ils pas été punis pour avoir franchi le seuil du jardin secret des connaissances interdites ?

En premier lieu, j'ai tenté de décrire le temps des ténèbres. Birkenau, Auschwitz, Buchenwald. Un petit volume : *La Nuit*. D'abord en yiddish, *Et le monde se taisait*. Où la moindre phrase, le moindre mot reflètent une expérience qui dépasse l'entendement. Même si chaque survivant avait consacré une année de sa vie à témoigner, le résultat resterait à tout jamais insuffisant. Il m'arrive de me relire ; et j'en sors avec un goût amer dans la bouche : ce n'est pas cela et ce n'est pas ainsi qu'il fallait le dire. Et puis, dans le domaine du langage, je me sens parfois pauvre et démuni, en deçà ? Dans mes écrits sur cet Événement, ai-je commis un péché en violant l'interdit tout en sachant que celui qui n'a pas vécu la mort là-bas jamais ne comprendra ce que nous, les survivants, y avons subi du matin au soir, sous un ciel muet ?

J'ai beaucoup écrit – une cinquantaine d'ouvrages – mais sur des sujets éloignés de ce que je continue à considérer pourtant comme essentiel : la mémoire des victimes. Je crois avoir tout entrepris pour qu'elle ne reste pas étouffée, mais fut-ce assez ? Et si j'ai souvent publié sur d'autres thèmes – des reportages, des romans –, c'était afin de ne pas y rester enfermé. Mon combat contre la trivialisation et la banalisation d'Auschwitz au cinéma et à la télévision m'a valu des ennemis alors qu'il s'agissait à mes yeux d'un devoir : montrer cette somme de souffrances et de morts comme faisant partie des textes dont la sève nourrit notre élan. Et non la banalité à l'aune du spectacle.

Dans ma tête, je tourne les pages.

La Bible et les prophètes, le Talmud et le hassidisme, le Baal Shem Tov et ses disciples, le mysticisme et l'éthique : tout ce que j'ai reçu de mes maîtres proches et disparus, j'ai essayé de le transmettre. Sans le vouloir, sans même y songer, mon expérience de ce que certains parmi nous nomment la Shoa, ou l'Holocauste, s'est glissée çà et là, entre les lignes, dans les silences qui entourent le texte. De même, mes romans, je les situe inévitablement à l'ombre des flammes invisibles. Mais ai-je été assez prudent ?

Mes tout premiers ouvrages de fiction ne se passent pas pendant la Tourmente, mais après. Pourquoi ?

Dans *L'Aube* – le combat clandestin juif contre l'armée britannique en Palestine –, un rescapé des camps de la mort reçoit l'ordre d'exécuter un officier ennemi.

Dans *Le Jour*, un jeune journaliste se fait écraser par un taxi à New York. Accident ou tentative de suicide ?

La Ville de la chance ? Un livre sur la tentation de la folie.

Les Portes de la forêt ? Un éloge de l'amitié et l'histoire d'un jeune orphelin qui prétend être sourd-muet et à qui, dans une école où l'on joue la crucifixion de Jésus, on donne le rôle de Judas.

Ces ouvrages entièrement romanesques, j'y songe souvent, lorsque je m'égare dans un ailleurs fugitif, pour mieux m'orienter.

Les Juifs du silence en Russie communiste relève d'autre chose. Cet ouvrage me rend fier : il a réussi à aider des hommes et femmes courageux à se libérer de la dictature et à rejoindre leurs frères et sœurs sur la terre de nos ancêtres.

Il en va de même de mon roman *L'Oublié*, consacré à la maladie d'Alzheimer et à la peur d'oublier. Je compare le malade à un livre dont on arrache une page par jour et, à la fin, il ne reste que la couverture. Je demande aussi si cette maladie peut frapper une communauté entière ? Ou toute une époque ? Si, dans les textes religieux juifs, on insiste avec tant d'ardeur sur le fait que le Seigneur n'oublie rien, n'est-ce pas parce que la possibilité d'un oubli divin n'est pas exclue de notre inconscient ? Il en est ainsi de notre fidélité à la Ville sainte : le roi David chante dans ses Psaumes : « Si je t'oublie, Jérusalem... » Moi, son disciple lointain, je le dis à ma manière.

Le Mendiant de Jérusalem, je l'emmènerai avec moi devant le Tribunal céleste comme témoin pour ma défense. Je l'ai rencontré devant le Mur durant la guerre des Six-Jours. Je me tenais là, la main tendue et l'âme en feu ; j'écrivais avec mes lèvres. Je le trouvais beau, ce mendiant qui tenait à m'expliquer l'aspect miraculeux de la grande victoire de l'armée juive sur ses ennemis. Parce que, disait-il, dans cette guerre elle comptait six millions d'âmes de plus... Et, le soir, seul dans ma chambre d'hôtel, j'avais retranscrit ce que je venais d'entendre et de ressentir avec une ferveur renouvelée.

Le Testament d'un poète juif assassiné est ma tentative de démasquer le communisme, en particulier la liquidation, à cette époque, des grands romanciers et poètes juifs. Commencé comme un messianisme sans Dieu, inventé comme un merveilleux message, noble d'humanisme fraternel, le communisme fut transformé par Staline en gigantesque labyrinthe et laboratoire de mensonges, déceptions, tortures et meurtres.

Que dire de *Ani Maamin* ? Je crois en la venue du Messie, déclarait Maïmonide, et nous le répétons avec lui. Bien qu'il soit en retard – et il le sera indéfiniment –, je continuerai à l'attendre tous les jours. C'est un chant d'une beauté profonde et gracieuse. Qui parle d'un espoir secret sans lequel la vie deviendrait une poignée de poussière. Un chant appris à la cour du Rabbi de Wizsnitz où ma mère et moi étions venus célébrer le « Shabbat shira », l'office du matin pendant lequel on lit le passage miraculeux de la mer Rouge.

Ce jour-là, nous avons rencontré le neveu du Rabbi, lequel s'était enfui, on ne savait comment, d'un ghetto de Pologne. À l'époque, les Juifs hongrois n'avaient aucune idée de la tragédie prête à s'abattre sur leurs communautés. Les noms d'Auschwitz et de Treblinka nous étaient inconnus.

Ce neveu, pourquoi revient-il dans ma chambre d'hôpital ? Pourquoi le vois-je maintenant comme ce jour lointain où, chez son oncle, petit, maigre, mélancolique, enfermé dans sa solitude, il ne cessait de remuer les lèvres en priant en silence ? Pourquoi repensé-je à l'après-midi où, entre l'office de Minha et le Troisième Repas mystique, les élèves qui l'entouraient lui demandèrent de raconter ce qui lui était arrivé. Il refusait de répondre. Nous insistions. Tapi dans un coin, ombre parmi tant d'ombres, il restait silencieux. Et puis, finalement, il se secoua et céda : « Soit, dit-il tout bas, je vous raconterai. » Et il se mit à chanter *Ani Maamin*, le plus beau, le plus émouvant *nigoun* que j'aie jamais entendu. Il n'avait rien ajouté ; pour lui, tout était dit.

Pourrai-je le chanter là-haut ? Pourrai-je entonner à mon tour ce *nigoun* qui contient tout ce que j'ai souhaité exprimer dans mes écrits ?

13

Marion, l'unique, est arrivée.
Les yeux fermés, je sens sa présence.
Je la vois presque.

Les qualités de cette femme extraordinaire, douée, motivée. Sa force de caractère. La sensibilité de son intelligence.

Elle est là avec notre fils, près de mon lit. Pour m'accompagner jusqu'au bloc opératoire. Si malheureuse et impuissante. Malheureuse parce qu'impuissante !

C'est la première fois que je la sens désemparée. Pourtant, d'habitude, elle sait comment se sortir de toutes les situations. Là, elle cherche les mots capables d'alléger mon angoisse, mais ne les trouve pas. Sans doute parce qu'il n'existe pas de paroles pour traduire et apaiser cette séparation.

D'un instant à l'autre, la porte du bloc va se refermer. Marion est encore là. Je revis notre vie, les moments exceptionnels qui l'ont marquée.

Je revois notre première rencontre chez ses amis français, les Landau. Coup de foudre ? Possible. Certainement de ma part. Je l'ai trouvée belle, cultivée et supérieurement intelligente. L'entendre parler théâtre, musique, peinture me persuadait que je pourrais l'écouter des années, toute ma vie, sans jamais l'interrompre. Je l'ai invitée à déjeuner dans un restaurant italien face au palais des Nations unies. Ni elle ni moi n'avons touché à nos plats.

Son passé ? Vienne, Anvers, Marseille, le camp infâme de Gurs, puis Bâle et finalement New York. Partout des miracles de survie, d'adaptation, des rencontres passionnantes. Voilà des années que je lui conseille, l'implore en fait, d'écrire ses mémoires. Rien n'y fait.

Nous nous sommes mariés dans la vieille ville de Jérusalem à peine libérée, au cœur d'une très vieille synagogue, la Ramban, en grande partie détruite par l'armée jordanienne.

Depuis, ma vie, mes vies – professionnelle et autres –, je ne les imagine pas sans elle. Les meilleures traductions en anglais de mes ouvrages, c'est à Marion que je les dois. Elle connaît ma voix, et sait la rendre avec une fidélité remarquable.

Notre « Fondation pour l'Humanité » est sa responsabilité entière. Dès sa création, ma femme lui a consacré énergie, talent, imagination.

Un jour, voici à peu près vingt ans, Marion m'appelle de Tel-Aviv pour m'annoncer qu'elle vient de visiter un « Centre d'absorption » pour les nouveaux immigrés juifs éthiopiens et voudrait aider leurs enfants. Depuis, nous avons ouvert deux grands centres d'éducation pour eux – et c'est elle qui leur a donné le nom de ma petite sœur disparue, Tzipora. Ces centres s'occupent de presque mille garçons et filles dont beaucoup, grâce à l'aide reçue, passent avec succès les examens d'entrée à l'université, essentiels pour une carrière en Israël.

Tout ce que j'ai entrepris dans ma vie, c'est donc avec elle. Voyages, projets, rêves d'action, jamais nous ne nous séparons. Mais cette fois, impossible.

Marion s'efforce de sourire sans y parvenir. La porte se referme, je suis seul.

À ce moment, je sais que Marion connaît mes doutes, mes craintes.

Son génie ? Elle ne cesse jamais de me surprendre.

14

J'ai beaucoup écrit, et pourtant, oui, pourtant, à ce moment de mon existence, au seuil même du grand portail, j'ai l'impression de ne même pas avoir commencé.

Trop tard ?

Je m'interroge de la même manière quant à mes autres activités. Ainsi, dans mon combat contre la haine, que je voulais inlassable, ai-je investi suffisamment de temps, d'énergie pour dénoncer le fanatisme sous ses masques divers ? Sans doute pas puisque, nous tous qui avons mené ce combat, devons admettre la défaite.

Une fois les camps libérés, je m'en souviens, nous étions convaincus qu'après Auschwitz il n'y aurait plus de guerre, plus de racisme, plus de haine, plus d'antisémitisme. Nous nous sommes trompés. D'où un sentiment proche du désespoir. Car si Auschwitz n'a su guérir l'homme du racisme, qu'est-ce qui pourrait y parvenir ? À nous de l'admettre : le monde n'a rien appris. Sinon, comment comprendre les atrocités au Rwanda, au Cambodge, en Bosnie... ?

J'ai entrepris beaucoup de choses, en d'innombrables endroits, avec nombre de compagnons. Et mené tant de batailles. Était-ce en vain ?

Que vais-je dire à Dieu, là-haut ? Que je comptais aussi sur Son aide ? Trouverai-je l'audace de Lui reprocher Son incompréhensible silence pendant que Satan remportait ses victoires ? Pendant que mon père, Shlomo fils d'Éliézer et de Nissel, s'éteignait sur son châlit ?

Soudain, je revois mon père, lui aussi, lui encore, dans ma chambre.

En trois images mélangées : une de mon père à Buchenwald ; une dans le présent ; une troisième remontant à deux ans. Avec autour de nous d'autres personnes, des inconnus pour la plupart, sauf un, le président américain Barack Obama. Ce dernier m'avait invité à l'accompagner à Buchenwald ; sans doute pour lui « expliquer ». Comme si c'était possible. Lui avait-on dit qu'il y avait deux camps, un grand et un petit ? Nous avons en tout cas visité le second, le plus meurtrier. En quittant New York pour le rencontrer, je ne pensais pas que j'allais devoir prendre la parole. Marion l'avait prédit et j'étais convaincu que, cette fois, elle se trompait car mon nom ne figurait pas au programme.

Cependant, c'est moi qui me suis trompé. À l'instant de commencer son discours, le président se pencha vers moi et me dit à voix basse : « En ce lieu, c'est vous qui devez avoir le dernier mot. » Alors, embarrassé – je n'avais rien préparé –, j'ai songé à mon père et improvisé : « Le devoir d'un fils est de visiter la tombe de son père pour s'y recueillir. Mais mon père n'a pas de tombe ; sa tombe est dans un cimetière, le plus grand de l'Histoire, celui qui est au ciel. Il est mort pas loin d'ici, au petit camp. Moi aussi j'y étais, près de lui et pourtant si loin. Il m'appelait et je n'avais ni la force ni le courage d'aller le rejoindre. C'était la première fois que je lui désobéissais. J'avoue : j'étais paralysé par la peur. »

Maintenant, sur mon lit d'hôpital, c'est à mon tour de l'appeler.

Et mon père, lui, me répond.

15

En vérité, il ne me quitte jamais. Ma mère non plus. Et ma petite sœur encore moins.

Ils sont restés avec moi. Ils figurent dans tous mes contes, dans tous mes rêves. Et en tout ce que j'enseigne.

Étendu sur mon lit en attendant l'opération, je songe aussi à ma vie d'enseignant. Depuis une quarantaine d'années, je vis parmi les jeunes. En vérité, j'ai reçu d'eux plus que je ne leur ai donné. Si je pouvais leur faire un dernier cours, que pourrais-je bien leur dire ?

Le Midrash affirme qu'au ciel il existe une académie. Où Dieu Lui-même étudie avec nos maîtres. Certaines sources affirment que le Messie est assis à cette même table, avec les maîtres et leurs élèves. Vont-ils me permettre de les rejoindre ? Je compte sur mon grand-père, Reb Dodye Feig, il m'aidera sans doute.

Car l'instant de les rejoindre est presque arrivé, j'en suis convaincu. Je le sens.

Trop tôt ? Là encore, je fais appel au souvenir de mes parents et grands-parents. Bien qu'aucun d'eux n'ait atteint mon âge, j'aimerais prolonger ma vie de quelques années, du moins de quelques mois, sinon de quelques moments.

C'est qu'il y a tant de projets inachevés, en suspens ! Une étude sur l'ascétisme, commencée il y a longtemps parce que ce thème, cet aspect de la souffrance consentie, appelée, invoquée, me préoccupe depuis la fin de la guerre. J'aurais aussi voulu poursuivre les idées contenues dans un livre déjà publié intitulé *Mes Maîtres et mes Amis*, où se côtoient ceux d'autrefois, d'hier, et d'aujourd'hui. Avec Moïse, qui demeure notre maître, et Rabbi Akiba notre ami de toujours. Avec Maïmonide et Rabbi Bahya ibn Pekudah, le Baal Shem Tov et le Gaon de Vilno, le Rav Chouchani et le Rav Saül Liebermann. Ma tête est encore pleine de multiples questions : comment devient-on maître ? Que doit-on entreprendre pour, simultanément, stimuler et apaiser la soif intellectuelle et spirituelle d'un jeune élève ? Dans le hassidisme, c'est le disciple qui choisit son maître.

Quant à l'amitié, de quelle manière la définir ? J'y ai consacré un cours à la Boston University. Un cours qui était d'abord et avant tout une célébration tant il existe dans ce sentiment un élément immortel. Une amitié brisée n'engendre-t-elle pas une tristesse profonde, plus profonde même qu'un amour qui finit ?

Ces projets, ces travaux vont-ils devenir réalité ? J'en doute depuis longtemps puisque, hélas, mon corps refuse souvent de coopérer. Ce corps qui reste pour moi une énigme. Qui m'a déjà, dans le passé, joué nombre de tours.

Ainsi, dans mon enfance, je souffrais de migraines atroces. Mes parents, migraineux aussi, me traînaient d'un médecin à l'autre, de Sighet jusqu'à Budapest. Rien à faire. Aucun spécialiste ni médicament ne me soulageait. Le mot « génétique » fut prononcé. Et puis, étrangement, ces maux de tête cessèrent la nuit de mon arrivée à Birkenau. Et ils revinrent, avec la même intensité, le matin de mon arrivée à Écouis, la première des maisons d'enfants de l'OSE qui m'accueillit en France.

Aucun professeur de médecine ou de neurologie, à Paris aussi bien qu'à New York, n'est jamais parvenu à m'expliquer ce phénomène.

Mon corps se veut incompréhensible. Pareil à l'âme, il se veut mystère.

Jusqu'à la fin ?

16

Quant à vivre à l'hôpital, je connais.

Juillet 1956. À peine arrivé de Paris en tant que correspondant du quotidien israélien *Yediot Aharonoth* aux Nations unies, je me rends chaque soir aux bureaux du *New York Times* pour me procurer sa première édition qui – vérité soit dite – aide tous les journalistes étrangers dans leur travail.

Ce soir-là, le journal sous le bras, je traverse Times Square et me dirige vers le bureau télégraphique d'où j'envoie mon câble quotidien. Mais celui-ci n'arrivera jamais à sa destination : un taxi me renverse. Fractures multiples aux hanches, aux vertèbres, aux chevilles. L'opération dure plusieurs heures. Je me réveille avec un plâtre couvrant presque tout mon corps, sauf la tête et les bras. Et, pendant trois longs mois, une chambre d'hôpital devient mon quartier général.

Pour bouger ou pour accomplir n'importe quelle tâche, j'ai besoin d'aide. Impossible de changer de position sans appeler au secours.

Heureusement, m'étant fait plusieurs amis parmi mes collègues des Nations unies, du matin au soir, je reste rarement seul. Je me souviens particulièrement de Daniel Morgaine (*France-Soir*) et d'Alexandre Zauber (*Iton Meyuchad*). Ce dernier, doué d'un magnifique sens de l'humour, adore me faire rire. Et si cela me fait du bien, en même temps, ça me fait mal.

À sa première visite, il veut tout savoir de mon accident. Je cite mes différentes fractures et lui, pour chacune, opine du chef en disant : « Cela aurait pu être pire. » J'ai des maux de tête atroces : « Cela aurait pu être pire. » Ma cheville gauche est atteinte : « Cela aurait pu être pire. » Mes genoux sont en flammes : « Cela aurait pu être pire. » Étonné, agacé un peu, à un moment je ne peux me retenir : « Mais enfin, Alexandre, qu'est-ce qui aurait pu être pire ? »

Et lui, le visage sérieux, murmure : « Cela aurait pu m'arriver, à moi. »

Une autre fois, je lui rappelle, à lui ancien élève d'une Yeshiva, une prière, qu'enfant, je récitais tous les matins : « Béni sois-Tu, Ô Dieu, qui as créé l'homme avec sagesse. Dans son corps il y a une multitude d'artères, de cavités et d'ouvertures : que l'une d'elles soit bouchée ou éclatée, il ne pourrait survivre une heure. »

Et j'ajoute : « C'est maintenant seulement que je comprends ces paroles. »

Réplique d'Alexandre :

« Si tu ne fais pas attention, tu découvriras d'autres prières de ce genre. Et le Seigneur t'aidera à mieux connaître d'autres aspects de ton corps. »

Quelques décennies plus tard, j'apprends donc, de nouveau, par mon corps, des choses qui m'étaient demeurées secrètes toute ma vie. Fallait-il vraiment que je les connaisse ?

17

« Dans quelques instants, nous serons prêts », annonce une voix.

Les yeux fermés, j'écoute les battements de mon cœur. Pour combien de temps encore ? Leur rythme est-il plus lent ? Comment interpréter ces tambourinements ?

Mes pensées s'affolent, me désorientent : où suis-je ? Idées et images se suivent et s'entrechoquent dans ma tête en feu, elles esquissent des danses sauvages. Devant moi le cimetière, derrière moi le jardin de mon enfance. L'avenir se rétrécit, le passé s'éteint. Et tout se déroule dans un vide noir. Tiens, me dis-je, et moi à qui l'on répétait que le vide est vraiment vide, qu'il n'y a rien dedans : ni flammes ni cendres, ni vent ni rivière, ni souffle ni douleur. Des bêtises tout cela.

Sans le vouloir, sans même l'espérer – je ne sais comment mais je sais pourquoi –, je capte la présence des morts. Sont-ils venus me récupérer ? Simplement m'accompagner ? Ou, pourquoi pas, me protéger ?

Autrefois, pourtant, je ne les ai pas protégés, moi. Je me revois lors des derniers instants de notre vie ensemble, dans le train. Et puis sur la rampe infâme, spécialement construite pour les nouveaux transports hongrois. Je revois ma petite sœur, si belle, si innocente. Je la vois, de loin, tenant la main de ma mère. Je n'étais pas avec elles, à la fin.

Mon père, je le revois au camp. Où nous étions inséparables. Où jamais nous n'avions été aussi proches, aussi unis. Peut-on mourir plus d'une fois ? On le pouvait, là-bas. Pendant la marche de la mort, la nuit de l'évacuation de Buna. Puis durant le voyage nocturne sous la neige. Là aussi nous étions ensemble. Je le protégeais et lui me protégeait. Notre seul désaccord ? Il tenait à ce que j'accepte une portion de sa misérable ration de pain, en prétendant ne pas avoir faim. Moi j'usais du même stratagème. Chacun de son côté voulant faire cadeau à l'autre d'encore un instant de survie.

Et maintenant, je vais les retrouver, je vais enfin mourir. N'est-ce pas absurde ? En ce temps-là, là-bas, la mort nous guettait à chaque instant, mais c'est maintenant, des éternités plus tard, qu'elle aura sa victoire. Je le sens.

18

Une voix pénètre dans mes limbes : « Nous sommes prêts. »

Moi aussi.

« Pouvez-vous compter jusqu'à dix ? »

Je panique : on va m'endormir ; et jamais plus je ne me réveillerai.

« Pas encore. Donnez-moi encore une minute. Je vous en prie. Une petite minute. »

Un silence irréel s'installe.

« Pourquoi ? »

Ils doivent s'étonner. Je ne réponds pas. Leur expliquer qu'un Juif croyant, avant de rendre l'âme, si le temps lui manque pour bien se préparer doit au moins réciter une brève prière – une sorte d'acte de foi – qu'il connaît depuis son berceau ? Trop compliqué. Leur raconter que d'innombrables victimes, martyrs et agonisants ont répété cette prière avant de fermer les yeux pour toujours ? Je ne peux.

Je me la récite à moi-même :

« *Shema* Israël, écoute Israël, *adoshem elokénu*, Dieu est notre dieu, *adoshem e'had*, Dieu est un et unique. »

« Maintenant je suis à vous, dis-je faiblement.

— Comptez. Jusqu'à dix. »

Je pense m'être arrêté avant.

19

La douleur de l'incision m'a réveillé. Ainsi que la voix du chirurgien, parvenue à travers un brouillard épais :

« C'est fini. Tout s'est bien passé. Vous vivrez. »

Son visage ! Jamais je n'oublierai le sourire sur son visage. Le Dr Patel est heureux. Oui, heureux d'avoir ramené à la vie un être humain jamais rencontré auparavant. Il me dit : « Vous revenez de loin. »

Une question se pose : ai-je vraiment rêvé durant l'opération ? Mon cerveau a-t-il continué de fonctionner alors que mon cœur demeurait immobile ?

Plus tard, j'appris l'exacte procédure du pontage : dramatique et impressionnante à tous les niveaux.

Je ne savais pas, ne pouvais savoir, à quel point un pontage coronaire est compliqué. Avec des risques et dangers défiant l'imagination. Pour le profane que je suis, cette opération équivaut à la marche sur la lune. On évoque des artères mammaires et sous-clavières, puis, découverte effrayante, la nécessité d'un arrêt provisoire du cœur, une machine le remplaçant tandis que le chirurgien officie. Lequel commence par ouvrir la cage thoracique – une incision sur toute la longueur du sternum – puis pratique une seconde ouverture sur la face interne d'une jambe afin d'y prélever une veine qui remplacera les artères bloquées.

En somme, je « revenais » de loin, de très loin même. Et j'aurais facilement pu rester de l'autre côté.

Un sentiment de gratitude m'envahit.

Encore sous l'effet de l'anesthésie, j'essaie de murmurer : « Merci, merci docteur. »

À ce moment, ai-je songé aussi à remercier Dieu ? – après tout, je Lui dois bien ça –, mais je ne suis pas sûr de l'avoir fait. En cet instant précis, seul le chirurgien, Son messager sans doute, m'inspirait la reconnaissance.

Je demande faiblement, si faiblement que je crains de n'être pas entendu : « Est-ce qu'ils savent ? »

Inutile de préciser : Marion et Élisha connaissent-ils le résultat de l'intervention ?

Oui. Avant que je sois entièrement éveillé, le chirurgien leur a porté lui-même la bonne nouvelle.

Nos retrouvailles ont lieu une heure après. Chacun de nous, chacun à sa façon, s'efforce de cacher son émotion.

20

De retour dans ma chambre, j'éprouve une immense fatigue. Tout m'épuise. Respirer, ouvrir les yeux, réfléchir, tout me pousse vers une agonie renouvelée. Suis-je hors de danger ? Pas encore. On me le dit et me le redit. Ma femme et mon fils me rassurent. Leurs voix me parviennent de loin. Ils me demandent si j'aimerais qu'ils passent la nuit avec moi, mais un aide-médecin le leur déconseille : sous l'effet des médicaments puissants, je me rendormirai bientôt. Je les entends discuter ; ils préfèrent rester au moins une heure ou deux. Leur présence me fait du bien. Vaguement, je voudrais intervenir dans leur échange, mais on vient de m'ôter un large tube et j'ai mal à la gorge.

Malgré les soporifiques et les calmants, je dors mal. Infirmiers, aides-soignants ne cessent de manipuler mon corps en le tournant dans tous les sens. Injections multiples, prises de sang incessantes, vérifications de haut en bas. À peine mes yeux se ferment-ils que déjà je dois les rouvrir. Mes paupières restent à moitié closes. Je pense avoir fait des rêves, mais ne me souviens plus de leurs contenus. Seuls me reviennent leur couleur gris-noir cendre et un feu incandescent issu d'une gigantesque cheminée où des rangées de livres se consument.

Suis-je réellement sauvé ? Pour de bon ? J'en doute. Rien ne me paraît réel. Apparemment, la mort n'a pas encore décidé de ne plus convoiter mon corps. Une étrange lourdeur m'étreint. Elle se loge dans ma poitrine, dans ma tête, m'attire vers le bas. Vers le néant.

En moi, je sens toujours la proximité de l'ennemi noir, implacable. Je ne sais plus où je vais, où je suis, qui je suis. Ni même ce que je veux. Les médecins essayent de me convaincre que, dorénavant, pendant quelques jours, quelques semaines, je dois me montrer patient, que l'impression d'être coupé en morceaux disparaîtra. Mais quand ? Demain. Après-demain. Ah ! si seulement je pouvais dormir une semaine, un mois.

Un doute m'assaille. Et si les médecins me cachaient la vérité ? Et si, en fait, j'étais mourant ? Tout peut encore arriver ; je vais peut-être mourir. Mais je ne suis pas encore mort. Être ressuscité, qu'est-ce sinon se redécouvrir un avenir ?

21

Cette oppression a duré trente-six heures, deux jours peut-être. Une éternité durant laquelle je ne peux rien entreprendre sans aide. D'énormes pansements recouvrent ma poitrine et l'intérieur de ma jambe droite. Des électrocardiogrammes contrôlent constamment le rythme de mon cœur. De longs câbles sont attachés à mon corps pour analyser et mesurer la fonction des organes vitaux. On m'a prévenu que j'allais perdre la notion et la réalité du temps, c'est vrai. À la différence que chaque réalité disparue cède la place à une autre. Indéfiniment.

Au troisième jour, je peux enfin quitter mon lit. Puis, ma chambre pour effectuer quelques pas dans le couloir. Mon état de santé s'améliore, mais les douleurs dues aux incisions à la poitrine et à la jambe persistent. Certes, je dispose de médicaments, mais ils dérangent mon estomac.

Et mon cerveau puisque je pense avec moins de clarté. Les idées se chevauchent. Je flotte dans le temps comme dans l'espace, sans me reconnaître. Qui suis-je ? Que suis-je devenu ? Je sais avoir échappé à la mort. Je sais aussi que ma vie ne sera plus la même.

22

Et Dieu là-dedans ?

Est-ce pour chasser mon angoisse et mes douleurs que cette terrible question, je me la pose ici aussi, à l'hôpital, entre les visites des médecins et des miens ? Cette question me taraude comme elle hante tout ce que j'ai écrit. Et l'amoureux des problèmes philosophiques insolubles que je suis demeure sur sa faim.

J'entends encore un grand journaliste ami, dans une conversation télévisée, essayant de savoir ce que je dirai à Dieu lorsque je me tiendrai devant Lui. Un mot, avais-je répondu : « Pourquoi ? »

Et la réponse de Dieu ? S'Il a bien voulu me la communiquer, je ne m'en souviens pas.

Le Talmud nous raconte : Moïse assiste à un cours de Rabbi Akiba sur la Bible. Et il demande à Dieu : « Puisque ce maître est tellement érudit, pourquoi as-Tu donné la Loi à moi plutôt qu'à lui ? » Et Dieu lui répond durement : « Tais-toi. Car telle fut ma volonté ! » Plus tard, Moïse est présent à la terrible mort de Rabbi Akiba, cruellement torturé par les soldats romains. Et il s'écrie : « Seigneur, est-ce donc cela Ta récompense à celui qui a vécu toute sa vie pour célébrer Ta Loi ? » Et Dieu répète Sa réponse avec la même dureté : « Tais-toi car telle est ma volonté ! »

Quelle sera Sa réponse, maintenant, pour me faire taire ?

Et où trouverai-je l'audace de ne pas l'accepter ?

Toutefois, après avoir quitté l'antichambre de la mort, cette question se pose à nouveau. Pourquoi cette maladie ? Ces douleurs, en quoi les ai-je méritées ? Le succès de l'opération peut me conduire à l'interrogation : « Et Dieu, là-dedans ? » Dieu, dans Sa bonté – comme on dit –, n'est-Il pas, quand même, intervenu pour donner un coup de main au chirurgien ? Mais dans quel but, pour quel motif ?

Enfant, je situai le Seigneur uniquement dans le Bien, le Bien absolu. Dans le sacré. Dans ce qui rend l'homme digne de salut. Le Mal, pour Dieu, incarnerait-il alors l'une des voies aboutissant au Bien ?

En vérité, pour le Juif que je suis, Auschwitz représente une tragédie humaine mais aussi – et surtout – un scandale théologique. Pour moi, c'est un fait indéniable : il est impossible d'accepter Auschwitz avec Dieu, ni sans Dieu. Mais alors, Son silence, comment le comprendre ?

En essayant d'expliquer la présence de Dieu dans le Mal, je souffre. Et je cherche les raisons pour avoir le droit de la dénoncer. Des réflexions que j'évoque déjà dans mon premier texte, *La Nuit*, et notamment dans le passage qui décrit un office de Rosh Hashana à Buna, où j'écris : « ... Jamais je n'oublierai ce silence nocturne qui assassina mon Dieu et mon âme, et mes rêves qui prirent le visage du désert. Jamais je n'oublierai cela, même si j'étais condamné à vivre aussi longtemps que Dieu Lui-même. » Mais quelques lignes plus tard, à l'occasion du même office, en récitant les prières et litanies d'usage, je proclame ma foi en Lui, le Dieu d'Abraham, d'Isaac et de Jacob...

J'avoue m'être élevé contre le Seigneur, mais je ne l'ai jamais renié.

Pour avoir étudié les textes sublimes et envoûtants des prophètes, je revendique donc le cri de Jérémie dans ses « Lamentations » évoquant la destruction du premier Temple de Jérusalem : « Tu as tué (Tes enfants) sans pitié ! », « Tu as assassiné (Ton peuple) sans compassion. »

Quoi ? Dieu, assassin ? Certains, parmi nous, ont protesté contre le silence divin ! Mais aucun n'a eu l'audace d'appeler Dieu « assassin » !

Au troisième jour, éprouvant le besoin de dire mes prières quotidiennes, je demande à Marion d'apporter mon *talith* et mes *tephillin*.

Pour remercier le ciel ? Pour expliquer à Dieu que je crois en Lui malgré Lui ? Pourtant, ma pensée est encore trop nébuleuse pour formuler une réponse valable au sujet de l'Éternel.

J'en trouve néanmoins une autre, plus personnelle peut-être : mon engagement est une affirmation de ma fidélité à la pratique religieuse de mes parents et des leurs. Pour le dire plus simplement encore : si j'observe les lois de la Torah en mettant les *tephillin*, c'est parce que mes parents et grands-parents, comme les leurs, l'ont fait. C'est simple, je refuse d'être le dernier d'une chaîne remontant très loin dans ma mémoire et dans celle de mon peuple.

Je le sais : il ne s'agit en rien d'une réponse satisfaisante, ni sans doute valable. Mais c'est la seule.

Dans ma vie, jusqu'à ce jour, je me suis contenté de poser des questions. Et ce tout en sachant que les vraies questions, celles qui concernent le Créateur et Sa Création, ne peuvent obtenir de réponses. J'irai désormais plus loin et dirai : il existe un niveau sur lequel seules les questions sont éternelles, les réponses ne le sont jamais.

C'est pourquoi le malade en moi, plus charitable, répète : « Puisque Dieu est, Il se trouve dans les questions comme dans les réponses. »

23

Un jour, au début de la convalescence, le petit Élijah, cinq ans, vient me rendre visite. Je l'embrasse en lui disant :

« Chaque fois que je te vois, je reçois la vie en cadeau. »

Il m'observe longuement, d'un air sérieux, et répond :

« *Grandpa,* tu sais que je t'aime ; et moi je sais combien tu as mal. Dis-moi : si je t'aimais plus, aurais-tu moins mal ? »

À ce moment-là, j'en suis convaincu, Dieu contemple Sa création en souriant.

24

On ne m'avait pas averti que le sentiment de faiblesse et de lassitude perdurerait longtemps après le départ de l'hôpital.

Ainsi, pendant quelques semaines, j'ai marché comme un vieillard – après tout, je n'ai que quatre-vingt-deux ans ! Je faisais un effort considérable pour me tenir droit. Après quelques pas, je devais m'arrêter, le souffle court, obligé de me reposer un instant ou deux afin de pouvoir continuer. Quant aux douleurs à la poitrine, elles m'empêchaient de dormir.

Parmi les interdits que les médecins m'imposaient : ne pas fumer. Or je ne fume plus depuis mon mariage. Pas d'alcool non plus. Une chance, je ne bois pas. Pas de sport. Je n'en ai jamais fait.

Et la prédiction « tout pontage entraîne une dépression profonde » – pourquoi ? je l'ignore, cela tient probablement aux nombreux mystères du cœur –, dans mon cas ne s'est pas réalisée. Encore. Cela viendra peut-être.

25

Credo.

J'appartiens à une génération qui s'est souvent sentie abandonnée de Dieu et trahie par l'humanité. Et, pourtant, je crois qu'il nous incombe de ne nous séparer ni de l'un ni de l'autre.

Est-ce hier – ou autrefois – que nous avons appris combien l'être humain peut atteindre la perfection dans la cruauté plus que dans la générosité ? Que, pour les tueurs et les tortionnaires, il est normal, donc humain, de se montrer inhumain ? Dès lors, faudrait-il se détourner de l'humanité ?

Je crois que la réponse appartient à chacun de nous. Car il incombe à chacun de choisir entre la violence des adultes et le sourire des enfants, entre la laideur de la haine et le désir de s'y opposer. Entre infliger souffrance et humiliation à son semblable et lui offrir la solidarité et l'espoir qu'il mérite. Peut-être.

Je sais – je parle d'expérience – que, même dans les ténèbres, il est possible de créer la lumière et nourrir des rêves de compassion. Que l'on peut se penser libre et libérateur à l'intérieur des prisons. Que, même en exil, l'amitié existe et peut devenir ancre. Qu'un instant avant de mourir, l'homme est encore immortel.

Voilà : je crois en l'homme malgré les hommes. Je crois dans le langage bien qu'il ait été meurtri, déformé et perverti par les ennemis de l'humanité. Et je continue à m'accrocher aux mots parce qu'il nous appartient de les transformer en instruments de compréhension plutôt que de mépris. À nous de choisir si nous souhaitons nous servir d'eux afin de maudire ou de guérir, pour blesser ou consoler.

Juif, je crois en la venue du Messie. Mais cela ne signifie pas que le monde deviendra juif ; je pense qu'il deviendra tout simplement plus accueillant, plus humain. Et ce parce que j'appartiens à une génération ayant appris que, quelle que soit la question, l'indifférence et la résignation ne constituent pas la réponse.

La maladie peut me diminuer, mais pas m'anéantir. Le corps n'est pas éternel, mais l'idée de l'âme l'est. Le cerveau sera enterré, mais la mémoire lui survivra.

Tel est le miracle : une histoire sur le désespoir devient une histoire contre le désespoir.

26

Cette introspection à cœur ouvert ne serait pas complète si je ne me posais une dernière question : ai-je changé ? Avec ce que mon cœur a subi, pendant et depuis l'hospitalisation du 16 juin 2011, les découvertes de l'inconnu effectuées et les descentes dans les profondeurs de mon être accomplies, suis-je encore le même ? Les douleurs et leur souvenir, les cauchemars vrais et imaginés, les médicaments nécessaires et inévitables ont dû avoir un effet sur mon cerveau, et, pourquoi pas, mon âme.

Est-ce possible d'avoir frôlé de si près la fin sans que quelque chose d'essentiel ait changé en moi ? Ma perception de la mort, donc de la vie, a-t-elle changé ? Y a-t-il des actes que l'être qui a subi cette expérience ne commettrait plus, ou, au moins, accomplirait différemment ?

D'un point de vue pratique, je répondrais oui : j'ai appris qu'il me faudra refuser certaines nourritures, éviter certains mouvements, accepter certaines situations sans m'énerver...

Mais, en même temps, je crois, profondément, être resté le même. En apparence, je ne suis plus l'homme d'avant ce 16 juin 2011, mais à un niveau proche des absolus que sont la vie et la mort, je demeure le même. La différence tient à ce que je sais combien chaque moment est un recommencement, chaque poignée de main une promesse et un signe de paix intérieure.

Je sais que toute quête implique l'autre, de même que toute parole peut devenir prière. Si la vie n'est pas une célébration, à quoi bon s'en souvenir ? Si la vie – la mienne ou celle de mon prochain – n'est pas une offrande à l'autre, que faisons-nous sur cette terre ?

C'est ce que j'ai appris, au cours des années à observer les capacités mystiques de l'homme, et en dépit des contradictions inhérentes à mes témoignages, je persiste à y croire.

Car ma conscience, donc mon être, continue à porter le passé dans le présent. Si ce que j'ai vécu autrefois, dans les contrées lointaines des disparus, ne m'a pas changé, pourquoi cette nouvelle épreuve y parviendrait-elle ?

En vérité, comme des éternités auparavant, comme au lendemain de la Libération quand certains de nous avaient le choix entre la colère et la reconnaissance, je sais que mon choix était le bon.

Remerciements

De tout mon cœur, je remercie les docteurs :
Charles Friedlander,
David Seinfeld,
Howard Cohen,
Nirav Patel,
dont les soins dévoués m'ont éloigné de la fin.

Et à Élisabeth Schemla : son amitié reste un appui émouvant.

E. W.

10190

Composition
FACOMPO

Achevé d'imprimer en Slovaquie
par NOVOPRINT
le 2 décembre 2012

Dépôt légal : décembre 2012
EAN 9782290057148
L21EPLN001288N001

ÉDITIONS J'AI LU
87, quai Panhard-et-Levassor, 75013 Paris

Diffusion France et étranger : Flammarion